PETIT

CATÉCHISME

A L'USAGE

DU PEUPLE FRANÇOIS.

A PARIS,

CHEZ F. SCHOELL, LIBRAIRE,

rue des Fossés-Montmartre, n° 14.

1814.

DE L'IMPRIMERIE DE MAME.

PETIT CATÉCHISME

A L'USAGE

DU PEUPLE FRANÇOIS.

———

Demande. QUELS sont les sentimens d'un véritable François ?

Réponse. L'amour pour son Dieu, pour son Roi et pour sa Patrie.

D. Quel est le Roi que les François doivent reconnoître, aimer et servir ?

R. Louis XVIII, frère et héritier de Louis XVI, aujourd'hui chef de l'illustre maison de Bourbon.

D. Qu'est-ce que la maison de Bourbon ?

R. Une famille auguste descendue de S. Louis, qui a régné sur la France, et a fait son bonheur pendant six siècles dans la personne des Rois ses ancêtres, et pendant deux siècles par ses propres membres et descendans.

D Quel a été le chef et le fondateur de cette branche particulière de la maison royale que vous distinguez par le nom de Bourbon ?

R. Ce fut Henri IV, ce Roi dont le nom seul

est le plus grand éloge, qui fut le père de son peuple, et vouloit que chaque paysan de son royaume eût le dimanche *une poule au pot*.

D. Quels autres Rois de cette race illustre dont il fut le chef se sont distingués parmi ses successeurs ?

R. Louis XIV, à qui la France dut sa gloire, sa richesse, sa marine, son commerce et ses plus beaux monumens ; Louis XVI, qui voulut donner la liberté à son peuple, et qui a péri martyr de sa générosité.

D. Quels sont les sentimens qui ont toujours distingué les Bourbons ?

R. Le courage, la générosité, la clémence et la bonté.

D. Comment cette maison auguste a-t-elle été précipitée du trône ?

R. Par le plus déplorable aveuglement où un peuple soit jamais tombé.

D. Qu'est-ce que Napoléon Buonaparte qui, sous le titre d'Empereur, avoit usurpé leur couronne ?

R. Un Corse inconnu.

D. Comment ce Corse étoit-il venu en France ? comment avoit-il été nourri et élevé ?

R. Par la générosité du Roi, qui lui avoit accordé une place parmi les élèves de l'Ecole royale militaire, qui étoient entretenus et élevés à ses frais.

D. Quels sont les premiers degrés du trône sur lequel Buonaparte s'étoit établi?

R. Les marches de l'église de Saint-Roch, où il fit tirer à mitraille sur les Parisiens.

D. A quoi a-t-il dû ses premiers succès comme général?

R. Il y a contribué de sa part par l'imposture, la fourberie, la jactance et la corruption. Le reste a été dû à la bravoure de nos soldats.

D. Comment se fait-il qu'à son retour d'Égypte le peuple se soit tourné vers lui?

R. Le peuple étoit las des tourmentes révolutionnaires ; Buonaparte flatta et trompa tous les partis ; chacun crut qu'il feroit triompher sa cause, tandis qu'il n'agissoit que pour lui-même.

D. Entrez dans quelques détails sur ces partis, et sur les ruses de Buonaparte.

R. Il promit aux républicains de maintenir la république, et, sous le nom d'Empereur, il établit le despotisme le plus violent et le plus odieux ; il fit espérer aux royalistes de rendre le trône aux Bourbons, et il s'en empara pour lui-même ; il promit aux catholiques le rétablisse-

ment de la religion , et il a dépouillé et empri-
sonné le Pape.

D. Par quels moyens Buonaparte avoit-il cru
affermir son usurpation , et comment espéroit-il
être reconnu des Souverains légitimes de l'Europe ?

R. La ruse et la violence ont toujours été ses
moyens : il juroit aux Princes légitimes une al-
liance éternelle, et disoit à ses courtisans que
sa famille seroit bientôt la plus ancienne maison
régnante de l'Europe. Du moment où il eut
usurpé le trône , il ne s'occupa plus qu'à détrôner
tous les Souverains. Il enleva par la trahison la
plus infâme la famille royale d'Espagne , et en
fit les Princes ses prisonniers. Il obligea la maison de Portugal de se retirer en Amérique. Il
priva le Roi de Naples de ses états par un
simple acte de sa volonté : trois guerres heu-
reuses pour lui inondèrent de sang et de larmes
l'Allemagne et la Prusse, dépouillèrent plusieurs Souverains de tous leurs états , et affoi-
blirent considérablement les autres. Tout sembla
plier un moment sous sa volonté.

D. Avoit-il remporté ces avantages par les
mêmes causes qui lui procurèrent les premiers ?

R. Les causes n'en furent pas exactement les

mêmes. Dans ces nouvelles guerres il s'assura toujours une immense supériorité de nombre; il disposa de trésors qu'aucun monarque n'avoit jamais égalés.

D. Pourquoi son ambition ne fut-elle pas satisfaite de cet immense accroissement de pouvoir?

R. Parce qu'il n'étoit pas satisfait d'être le monarque le plus puissant de l'Europe; il vouloit être le seul puissant, ou plutôt il vouloit être le seul monarque.

D. Quels étoient ses desseins lorsqu'il partit pour sa campagne de Russie en 1812?

R. De conquérir et de ravager le monde entier.

D. De quel prétexte se servit-il pour commencer cette guerre, lorsque toute l'Europe étoit en paix avec lui?

R. Il prétendit que l'Empereur de Russie étoit infidèle à l'esprit de la paix de Tilsitt.

D. Qu'entendoit-il par l'esprit de la paix de Tilsitt?

R. La volonté de priver l'Europe de tout commerce maritime.

D. Quelle étoit la suite de ce système, qu'il appeloit continental?

R. De ruiner l'Europe et la France par l'anéantissement du commerce, et de faire payer six francs la livre le sucre et le café.

D. Étoit-il réellement assez aveugle pour faire la guerre dans cette intention ?

R. Non; mais il imaginoit que nous serions assez aveugles pour le croire, et ce prétexte masquoit son intention de détrôner tous les Souverains.

D. Quels préparatifs avoit-il faits pour une entreprise aussi gigantesque ?

R. Une armée de cinq cent mille soldats et des magasins qui avoient coûté plus de quinze cent millions.

D. Comment n'est-il pas arrivé à son but avec des moyens aussi terribles ?

R. Par deux causes différentes; 1° la résolution magnanime de l'Empereur Alexandre et de la nation russe, qui, après l'avoir forcé de sacrifier deux cent mille hommes pour pénétrer jusqu'à Moskou, abandonnèrent et brûlèrent cette capitale pour qu'il ne pût y trouver un abri contre les rigueurs de la saison et du climat; 2° l'intervention de la divine Providence, qui troubla l'entendement de l'usurpateur corse et lui fit commettre des imprudences et des fautes irréparables telles qu'on ne pouvoit les attendre que d'un insensé.

D. Quels furent les résultats de cette campagne ?

R. Après avoir perdu quatre cent mille hommes de son armée, l'usurpateur prit la fuite et se rendit en toute hâte à Paris, laissant les troupes qui lui restoient sans général, sans pain et sans ressources.

D. Pourquoi ne profita-t-il pas de cette leçon terrible, mais salutaire, pour renoncer à son ambition et faire la paix ?

R. Parce que son ambition étoit un délire et qu'il ne comptoit pour rien la dépopulation de la France et l'anéantissement de ses trésors.

D. Comment a-t-il pu, après tant de pertes, faire une nouvelle campagne en 1815 ?

R. En se servant de la violence et de la plus infâme perfidie pour ranger le reste de la jeunesse françoise sous ses drapeaux, et pour tirer le dernier écu de nos bourses.

D. A quoi attribuez-vous ses premières victoires de l'année dernière ?

R. A l'héroïque bravoure de nos jeunes soldats.

D. Pourquoi du moins n'a-t-il pas fait la paix à cette époque ?

R. J'ai déjà répondu à cette question : il n'a jamais été gouverné que par l'intérêt personnel le plus insensé; la Providence, qui s'étoit servie de lui comme de l'instrument de sa colère, avoit résolu de le briser.

D. Quelles sont les causes qui ont accéléré sa chute ?

R. Il y en a deux principales : la réunion de tous les Souverains de l'Europe, qui ont voulu préserver leurs sujets de la mort, leurs états de l'invasion ; et l'épuisement total de la France, dont il avoit déjà dévoré tous les hommes et tout l'argent.

D. N'a-t-il pas cherché alors à traiter avec les puissances alliées ?

R. Il a entamé des négociations pour gagner du temps ; mais ses prétentions jusqu'au dernier moment étant incompatibles avec le repos de l'Europe, les Souverains alliés n'ont pas dû les accepter.

D. Quelles sont les dernières mesures qu'il a prises pour conserver son pouvoir ?

R. Il a renvoyé le Corps législatif qui lui demandoit la paix ; il a violé la Constitution en établissant de sa seule autorité de nouveaux impôts que la nation étoit hors d'état de payer;

il a excité toute la nation à se lever en masse, sans avoir d'armes à lui donner, ce qui n'étoit autre chose que d'envoyer tous les François à la boucherie ; il a décrété la peine de mort contre tous ceux qui voudroient sauver la vie et les propriétés de leurs concitoyens en les dissuadant d'une résistance inutile ; enfin il a envoyé par ses aides-de-camp l'ordre de mettre le feu à la poudrière de Grenelle, ce qui auroit fait sauter la moitié de Paris ; l'ordre de dépaver les rues, de barricader les maisons, de jeter sur les troupes alliées et les pavés et de l'eau bouillante, et de résister pendant soixante heures ; toutes mesures qui, sans le sauver lui-même, auroient détruit la ville et tous ses habitans.

D. Comment avons-nous été préservés de tous ces malheurs ?

R. Par la sagesse et la magnanimité de l'Empereur Alexandre et du Roi de Prusse, qui n'ont voulu s'approcher de Paris qu'après en avoir éloigné le tyran, et qui ont sacrifié un grand nombre de leurs propres soldats pour que Paris ne fût pas emporté d'assaut par leurs troupes.

D. Que seroit-il arrivé si Buonaparte avoit pu rentrer dans sa capitale ?

R. Il auroit fait brûler la dernière maison et massacrer le dernier homme.

D. Avons-nous encore quelque chose à craindre du tyran ?

R. Non. Le Sénat et le Corps Législatif l'ont déclaré déchu du trône. Il n'est plus qu'un aventurier sans armée et sans trésors.

D. De quels maux habituels sommes-nous délivrés par sa chute ?

R. De la conscription et de la guerre qui faisoient périr tous les ans trois cent mille François ; des impôts vexatoires qui anéantissoient le commerce et ruinoient les propriétés ; d'une oppression sous laquelle ni les personnes, ni les paroles, ni la pensée même n'étoient libres, et qui ne tendoit à rien moins qu'à faire de tous les François des esclaves sans propriétés.

D. Qu'avons-nous à espérer des Bourbons, nos Souverains légitimes ?

R. Une Constitution sage qui, sous un Monarque père du peuple, garantira la liberté des personnes et la sûreté des propriétés.

D. Comment Louis XVIII pourra-t-il diminuer les impôts et fournir aux dépenses de l'état ?

R. Par la justice, l'ordre et l'économie.

D. Les fonctionnaires publics de tout genre, les créanciers et les pensionnaires de l'état ont-ils quelque chose à craindre de cette économie dont vous parlez ?

R. Non. L'ambition extravagante de Buonaparte avoit porté ses dépenses à un point dont nous n'aurons plus à supporter le fardeau ; et la France pourra être grande, forte et heureuse, sans que les François soient foulés. Nous le montrerons par un exemple : avant nos révolutions, le Roi ne levoit pas plus de quatre cent millions sur ses sujets. Sous Buonaparte on dépensoit huit cent millions pour le seul département de la guerre.

D. Quels sont à présent les devoirs de tous les bons François ?

R. De remercier Dieu de leur délivrance ; de vouer une reconnoissance éternelle aux Souverains alliés dont Dieu s'est servi pour l'opérer, et qui ont déjà gagné tous les cœurs par la bonté la plus touchante ; de se ranger avec amour sous les drapeaux de Louis XVIII et de son auguste famille : d'oublier toutes les haines et tous les partis qui nous ont divisés, et de contribuer de tous leurs moyens à la restauration de notre antique monarchie et à l'union de tous ces citoyens.

Vive le Roi !

Etat des membres qui composent aujourd'hui l'auguste maison de Bourbon.

Louis XVIII, frère de Louis XVI. Ce Prince est connu par ses lumières, inaccessible aux préjugés, étranger à la vengeance.... Non-seulement il a ces idées fixes, cette modération, ce bon sens si nécessaire à un Monarque, mais c'est encore un Prince ami des lettres, instruit et éloquent comme plusieurs de nos Rois, d'un esprit vaste et éclairé, d'un caractère ferme et philosophique. (*Extrait de la brochure de M. de Chateaubriand.*)

M. le Comte d'Artois (frère de Louis XVIII), d'un caractère si franc, si loyal, si françois, se distingue aujourd'hui par sa piété, sa douceur et sa bonté, comme il se faisoit remarquer dans sa jeunesse par son grand air et ses grâces royales. (*M. de Chateaubriand.*)

M. le Duc d'Angoulême, fils de M. le Comte d'Artois, en qui la patrie de Henri IV vient de reconnoître l'héritier des vertus de ce grand et bon Roi.

Madame la Duchesse d'Angoulême, fille de Louis XVI. Un mot suffit pour caractériser cette Princesse : ses vertus égalent ses malheurs.

M. le Duc de Berri, second fils de M. le Comte

d'Artois. Nos armées n'ont point vu de chevalier plus brave. (*M. de Chateaubriand.*)

M. le Duc d'Orléans prouve par sa noble fidélité au sang de son Roi que son nom est toujours un des plus beaux de la France. (*M. de Chateaubriand.*)

Trois générations de héros, M. le Prince de Condé, M. le Duc de Bourbon... Je laisse à Buonaparte à nommer le troisième. (*M. de Chateaubriand.*)